アンデルセンの灯

廣岡優

Yu Hirooka

歌集

青磁社

アンデルセンの灯＊目次

青　二〇一〇年—二〇一六年

廣岡優歌集

アンデルセンの灯

青

二〇一〇年—二〇一六年

春雷のめざめ

二〇一〇年

ゴム風船ひとつをひねり馬や魚つぎつぎ生みぬ大道芸人《ジャグラー》の手が

ひらひらと秋黄落にまぎれゆきし母ならば風に乗ってもみよう

ガラス戸にふれつつ硬い音たてる冬薔薇の枝夢にも鳴りき

だめなひのだめなじぶんを捨てにゆく山茶花のさく北の公園

祖母も母もありしに吾子のあらざるよ青いスカーフふうわり結ぶ

ゆうぞらに置く籐椅子は父のもの泰山木の白のまぶしさ

霧のなか兄に帽子を渡さんと後追いゆけどすでに遠のく

春雷にめざめよヒーロー、ミッキーもポパイも年齢《とし》をとってしまった

星座の名とつとつ並べ指さしし若き父なり　金星のぼる

晩年と言うときあなたの手の中のあおい湖すこし波立つ

まああまあの人生だったと病院のベッドに遠い眼をせし　父が

いつまでを蝶と呼ばるる白き翅ひろげしままの蝶の屍

あと三つ数える間だろう夕映えがジャングルジムを呑み込まんとす

とぎたての刃物のにおいとなまぬるき夜風のにおいの危うさにおり

反論はかわきし麦のうねりのごとさわさわと胸に着地なしたり

押しボタンRの上の空の青ロケットの形に両手をあげる

いちめんの蕎麦の花咲く畑に入りそれっきりなり子猫マシュマロ

われのおもみ

レッテルをはがし窓辺に立てし瓶朝のひかりのりんりん透る

大皿に淡き野菜を盛り合わせ春食むように水菜から食む

卵立てに卵はあらずざわざわと八つ手の影が動く真昼間

青年は傷とじるごと瞼とず冬陽さしこむ座席に凭りて

どこへでも顔だす三毛猫《みけ》は風来坊さかな屋、花屋、本屋に出会う

あめあがりわれのおもみにしずみたるつちにことりのあしあとのこす

ただ空をみているのみの水たまり小さな靴が崩してゆきぬ

山鳩のしきり啼く昼すこしずつ草叢のくぼみ深くなりゆく

独活《うど》、もぐら、深海の魚、王たちの闇に棲むものなぜか親しき

あざやかな童話の絵より抜け出でてわれに棲みつきし大男ひとり

水族館　ガラスの壁をめぐり来てどの人も魚の顔をもちたり

庭に棲みし蝦蟇もとかげもいなくなり夫とわたしが草生に残る

野の花のように生きたしされど青い芥子のようにも生きたし　生きたし

どらえもおーん　　　　二〇一一年

形見なる着物・手紙を秋の陽にひろげておりぬ母の歳月

角すこし崩すまあるいおむすびのこれも母より受け継ぎしもの

柿の木に登りし記憶のただ一度祖母につながるわが幼き日

吹き抜けの発光体のもみの木を上から見下ろし下から見上ぐ

唐突に人の流れを変えたくて駅コンコースに立ち止りたり

紅梅が転写されたるセーターのほのか匂えり歯科医院まで

お転婆と呼ばれていたのは五歳まで巻貝のような坂道をゆく

きみに見せたかった白梅まちがえて乗った各駅停車の窓の

男傘たかく掲げて渡りゆくゼブラゾーンの向こうが霧らう

消えかかりし名の記さるる自転車のローソンの灯にぬれてまどろむ

昨日と今日またぎて帰り来し君の上衣の皺を夕陽がなぞる

原稿用紙の枡目にゆるる春の陽のくすぐったいな　脚組みなおす

身体に時間はずんずん溜まりゆきどらえもおーんと叫びたくなる

光の束　二〇一二年

ホッチキスの針をはずれし一枚が風に乗ったと思わせて落つ

クレーン車が角を曲がれず苦しむをあっけらかんと秋の空ある

いつ来ても郭公の声を流しいる乗り換え駅にぽつんと座る

よみ人しらずと呼ばれしおみなの歌を読む黄菊白菊かおれる庭に

肉厚の葉の輝きてやあやあと挨拶をする春の黐《もち》の木

狂うほど欲しきものなく明るすぎる菜の花畑の淵に立つなり

美しきシンメトリーと思わざる展翅をされし玻璃ごしの蝶

ああいつか光の束が降ることをじっと待ちいるあの槙の木は

踏みはずす道とはいかなる道ならんアボカドの種に刃先の当たる

子の泣き声、昼顔のつるもからませてすっくと立てる向日葵のよし

枯れるなら枯れてもよしと移植せし藤がすなおに枯れる夕庭

宿らんと少女は願う千年の桜古木の根方にしゃがみ

夕霧に祖母の記憶の流されぬよう上衣のボタンをしっかり止める

母はすでにあらねどはたはた首を打つこのストールは母の言の葉

花鋏

二〇一三年

山胡桃《やまくるみ》石果を結びドラマには男が黙秘つづける夕

砕けやすきたましい持つにまろやかな柿をざくりと切るこの快感

古鏡のようなこの夜の月のぼり昨日の夢をまた聞かされる

風のなかの白コスモスの饒舌の、言って良きこと悪しきこと巡る

いつよりかリビングに育つラフレシア、バッハ緩やかに鳴っているのに

梅はまことことばすくなき花なりと母のあやつりし花鋏の音

千の羽根

風に向かうわれの額をつぎつぎに車のライトの打ちつつ過ぎる

銀色の車輪に轢かれしわが影のいきいきとまた歩み出だせり

霜月のうす陽のなかを夫が来る子供のように花鉢抱いて

千の羽根たたみ終えたる白鳥の静まる白はやわらかき鬱

静まれる一羽一羽の白鳥に父母があること月のぼり来る

ただ白き物体として真夜に在る白鳥ならん遠くのぞめば

リビングの音符を拾う木の箸の重くなったり軽くなったり

飼っていた亀が見上げていたこの世ゆっくり雲の流れゆきたり

曳船《ひきふね》という駅すぎてとうろとろ昼の睡魔は海へ誘《おび》くよ

手品師の取り出す鳩は白ばかり　ゆめのひとつが影もちはじむ

冬の木蓮

苺ミルクふたつを揃え人を待つ山茶花ひと枝コップにさして

ふっつりと会話はとぎれビニールが冬木蓮にからむを見てる

はれやかに寒の卵に穴穿ち啜りいし祖母をわれは怪しむ

雪の日の明るきキッチン酒蒸しの浅蜊が躍る小さき口あけ

雪明りに見る玄関の黒き帽しずかにありて生き物めけり

何の鍵か忘れてしまった鍵三つキーホルダーに十年つなぐ

雨の日ははるかなものをつれてくるたとえばノート赤いカバーの

さやぐのはアラビア数字カレンダーきつく巻きたる洞《うろ》より届く

モニターフォンに豊けき白髪かがよえばしばし聞き留む神のことなど

気のつかないほどのさびしさ見もしないつけっぱなしのテレビが笑う

どこへ行こうか

ひよどりの巣立ちは昨日であったのか点滅をする角の街灯

青たして水たしてまた青たして　生涯空にならずにおこう

しなやかに立ち直らんとする草を園児の列のふむ春の原

あなたにも天道虫にも赦されて身の置き所《ど》なきわたくしである

口数の多さは舌の上にのるカマンベールの白かびのせい

百の窓の映せる空をそらと呼びほんとの空をわれは知らざる

白い車に朱色の夕陽の乗ってきて「どこへ行こうか」夫がたずねる

おさなくてわれは怖れつ白鳩をハンカチにせしマジシャンの指

青空の穴が見えるという男の子ゼリーのように固まっている

凌霄花《のうぜん》の緋の咲きのぼる豊かさよ微量の毒を育みおらん

テノールでもバスでもないと風に揺るるあお麦を見てる鹿の目をして

ピーマンの中の余白に哲学が詰まっているって？縦に刃を入る

父も母も通ったであろう彼岸花むれてつづけり茜の空へ

鰭や尾が生えて来そうな夕暮れはＬＥＤの灯火《あかり》をともす

黒蜜の艶

二〇一四年

シシリアンルージュという名を持つトマト、シシリアンルージュの貌して売らる

水炊きのスープの灰汁を掬いつつ河原野菊をテレビに見てる

絶滅危惧種かわらのぎくは三途河《さんず》原にも咲いているのか空に戦ぐよ

ひたむきにまっすぐ走るなんて嘘うす笑いして寒椿さく

薄っぺらな人間どもと言うように吊り広告の猫が見下ろす

全身を黒蜜のつやに塗り込めて「特定秘密保護法」は成る

ゆずられぬものはゆずらず一本のヒマラヤ杉の円錐に寄る

伏せ置きしカップにしんとある闇を朝の光に逃がしてやりぬ

食卓に朝刊の影たたまれてパン皿に残るグラニュー糖は

さよならのすずしき声がついてくる冬の銀杏《いちょう》並木のかたえ歩めば

鬼の角こんぺいとうの突起など角もつものも雪の日は親し

男ならば壮年であろうくろぐろと闇かかえ込みそそり立つ樟《くす》

舗装路のぬれて続けり春泥というぬくき語の唇《くち》にのぼり来

行き着けば向きを変えいる水槽の金魚の動き飽かず目に追う

虹をくぐるための切符をさがしてるデジタル社会の少年Aは

今日ではなくいつも明日を語りたる若き出会いの茶房〈樫の木〉

たった一人のわれ

鉛筆と白紙《しろかみ》一枚おかれいて月光は「書け」とわれを促す

ゆれているスープの中に掬いしは花びらあるいは光の欠片

ギンガムのシャツはわたしを容れぬとき風をはらみて空へ羽撃く

「誰か僕を止めてください」少年が叫ぶ雑誌の記事のなかより

マジックミラーの無数のわれを撃ちつづくたった一人のわれを撃つため

柔軟剤ボトルに移しいる時の出窓のむこう昼のけだるき

仕舞いおきし夏を取り出す風の部屋ぼうし、ブラウス、カナダのCoin

なつかしの日など捨て去れ入口を見通す席に君が待ちいる

鬼百合のはなをゆらして強き風　どのわたくしがほんものなのか

黒揚羽ゆるりと舞いて過ぎしのち壁に揚羽の影のこりおり

ひとときを生簀におよぐ黒鯛の野武士のような貌と向き合う

液晶の光を知らぬ青桐をするするすると時間がすぎる

早口に「家族葬」売る男の背にてらてら来たるながき夕照り

ブリキ塀

鉄骨を積みしトレーラーきしみつつ塀の中へと呑み込まれたり

夕立がたたきて過ぎしブリキ塀おおき鯨がどどんと躍る

鋼材のぶつかり合う音男らの声入り乱れ拡がりゆきぬ

日焼けした男出で来てスマートフォンつ、つ、つと操作すまだ日は高い

風に吹かれふわり入りたる黄の蝶の鉄骨の上に翅を休める

エンジンに飛び込んだ鳥、炎《ひ》の中にとびこんだ蛾を笑えますか？

ああこれが夏のにおいだ街路樹の葉の重なりを透きて陽の射す

とりあえず残しておこうこの庭に鳥が落とした小さな芽吹き

喰われしも喰われざる葉もめらめらと溶けてゆくなり夕陽の中に

ガラス戸の隙間にもがくかなぶんぶん見捨てたわれをわれが見ている

指示さるるを好まぬ兄の腕まくり指示書きどおりに本棚を組む

めくるたびコンニチワを言う九官鳥かつて絵本の中に飼いいし

指になぞるホモサピエンスの骨格のかくかく笑う放課後のラボ

やぶ椿の葉先に円き雨の粒　あやまらないでほしかったのに

失いしものは数えず残りたるものも数えず風に真向かう

球形

春陽ざし届ける棚にたましいを抜かれた馬と鳩を置きたり

殻の中の雛とはもしやこのような、カーテン越しの言葉の光

なにゆえか朱《あか》きスカーフ地下街へ墜ちゆくわれの首に巻かるる

一羽ずつ音なく夢に降りてくる大白鳥の耐えがたき数

球形はやさしき形くだもの屋の棚からひとつ林檎落ちたり

晴天が続いた後に、朝から一日中降る雨の日が好きだ。強い雨ではなくゆっくりと土に染み込むような、そんな雨である。

因みに私は雨女ではない。雨はすべての煩わしいものから私を解放してくれる。用事が無い限り家に籠もり、この日常にぽかりと空いた異空間を楽しむ。忙しくて読めなかったミステリーに始まり、買ったものの本棚に立てたままの評論の類などだが、やはり最後は歌集に落ち着く。草木や建物等が雨にぬれる風景を飽かず眺めていることもある。そんな一日が、私にとって心やすらぐ時と言える。人間の体は70％が水分なので、雨の日に心がやすらぐのは理に適っているのだろう。

「七五〇号記念特集号」より

午後の時間

二〇一五年

あさがおの種まきし手に朝顔を抜きおり始めと終わりはどこにでもある

ざりがにの右のはさみが食み出した絵手紙はいまも宙を漂う

ハーブの香ふっと流れて君の淹れる紅茶は多分アールグレーだ

ひといきに冬へなだるる庭に咲く山茶花の白さざんかの紅

光にも風にもなれた若き日をたぐり寄せつつ相槌をうつ

せがみては祖母に作りてもらいたる紙の小舟の雨夜ながれ来

紙に切りし指先の傷とおくとおく乾きゆく樹の声を聴きたり

角ばった石にぽつぽつ雨の浸み午後の時間はふくらんでゆく

振り返ることなき別れ手を軽く挙げてみえなくなりし広き背

はるの帽子夏の帽子

読みかけの歌集の栞が垂れているうす紅いろはもう捨てた色

ドット入りノートを買いぬ記しおく歌には何も関わりないが

山茶花の花びらほどののぞみなれ年末ジャンボ宝くじ買う

いくたびも画面の中に生かされて或る俳優の死が告げられる

冬の陽はしずかな微笑椅子におく母の手編みの帽子の上に

だれも居ぬ冬の公園　噴水の竜の眼が追うわれの歩みを

はてもなき星座の営みとつとつと語りし君のその後知らず

はるの帽子夏の帽子のそれぞれが掬いし色と形を抱く

空の青十個のグラスに分けられてグラデーションが春空を生む

影と影ときおりぶつかり音たてる家までの距離のこよいは遠し

乗る人のなき日溜まりのブランコをしばし眺めて歩み出だせり

足あと

旋回せよせんかいせよと海べりの鳶が叫ぶ壁は見えぬに

本を抜く棚の隙間にいち早く冬の夕闇すべり込みたり

見えぬものを見よと射しくる月光に浮きあがりたるふゆさるすべり

前籠のフランスパンが風切って冬晴れの朝を通り過ぎたり

指先の力を抜いてつまみたり白きマシュマロあなたの矜持

むきだしの心であるよ〈たなごころ〉渇かぬようにクリームを塗る

帰り来て防犯ブザーを解くときの木造家屋のほうと息吐く

土に還ることなき壜のひたすらの空を映せり花壇の隅に

足あとが残っていぬかと恐れたり月光の射す橋わたり来て

二十羽の兎ひくひく並びいる切手の一枚うさぎを離す

この庭から出ることはない紅梅が塀の外へと影をのばせり

曇り日の砂場に深き穴のこり遊びいし子ら一人もおらぬ

路地裏にかたまる春の夕闇を蹴散らして過ぐ少年ふたり

窓ガラス透してわれに届きたる光の先が首すじに触る

春の雪の重みに傾ぐアネモネの赤のひとつが立ち直りたり

地雷なき日本の地につぎつぎと降りくる鳩のくれないの足

劇場の〈非常口〉より消えてゆくヒーロー、ヒロイン声が明るい

時計のなかの小径

核兵器保有の国を数えおり　君と歌いし「イマジン」とおし

なつ蔦の葉のひるがえり中ぶらりん中ぶらりんとわれを揶揄する

ことごとく予定をはずし六月の青すぎる空へ身を委ねたり

あじさいもどばとも静かこんな日は時計のなかの小径をたどる

風を溜めゆっさゆっさと身をゆする大楠木よ父ならいいな

眼を閉じて青葦を吹く風を聴く　あれから何年たったのだろう

ステラなる人は知らねど和みつつ（ステラおばさんのクッキー）を食ぶ

トーストの角よりほそく蜜のたれ忘れたきことひとつが光る

いくえにも感情かさね透き通るそういう歌に会いたし　雨夜

憲法の九条まもれと訴えるあの顔この顔輪郭見えぬ

花入れぬ白磁の壺にこもりいるあなたの声とわたくしの声

カシュカシュ

月の香の染みた浴衣が残されて祭りの夜を兄はかくれんぼ《カシュカシュ》

うすべにの鹿の子絞りのへこ帯が夜風にひらく尾びれのように

水槽の中も祭りだ紅、白、黒、金魚がおよぐわさわさ泳ぐ

飴細工の出店に兄と迷ってたスワンにするかピエロにするか

雛を売る露天商ありダンボールに折り重なりて声はり上げる

線香花火の輪のなかにいるちちははよ　芯の火玉の落ちておしまい

月の光かげりて兄を見失うさっきまでわれの傍《そば》に居たのに

抑止

道玄坂近くにあると聞き及ぶ小さな小さな謎の公園

遊具なるは鉄棒ひとつ太陽をたっぷり浴びて黒光りせり

色あせし黒板塀をめぐらする間口のせまく細長き土地

訪う人のなき公園に咲き揃う濃きくれないの立葵よし

ふわふわとライブ帰りの少女たちとりどりの風を胸に抱える

明るすぎるメガロポリスの片隅に鉄棒ひとつの公園がある

風をふむ　　　　二〇一六年

あと幾度会えるのだろう信号が青になる間を雨脚みている

一球ずつ願いを込めて深く埋めるスノードロップ春の花なり

シャーベットに銀のスプーンを入れる瞬間《とき》あなたの言葉をそっくり返す

あす売りに出さるる古屋つま先を揃えて錆朱のサンダルの在る

音のみの飛行機三機ひるを過ぐ部屋の空間しばらく撓め

夕闇が皮膜のように張り付きぬ湖、鉄塔、われの心に

風をふみ朝日をけって威嚇しあう丹頂鶴《たんちょう》二羽の白き輝き

やわらかき皮のブーツを撓わせて夕べ言問橋を渡りぬ

目白さり山茶花の散り身の内に冬の原っぱ広がりゆけり

野生馬の夢みてるのだろふかぶかと闇に眠れる回転木馬

六色のクレヨン

花ばさみの試し斬りにと選ばるる団扇さぼてん肉厚なりき

六色のクレヨンに母が画《か》きし子のわれに似る子の一人もおらぬ

食卓の角に替えたる椅子の位置もとに戻して休戦となる

南天のひと枝川の真ん中を流れゆきたりためらわず行け

ボトルの口いずれも狭しきっとあるどこかにきっと抜け道はある

塩あらぬ塩壺のなか薄青きプラスチックの匙の鎮もる

ジュラ紀より生き継ぐぎんなん茶碗蒸しに入れて楽しむ大寒の日々

アネモネがひとつさきました。便箋に通える風のややぎこちなし

永遠を信じる友と信じないわたしが仰ぐステンドグラス

（どこか）には行けないことを知っていて黒靴にゆくユトリロの街

春あさきよふけの電話　茫茫と風の音のみ伝えて切れる

ハミングをしつつ卵に綴じてゆく春の野菜もあなたの嘘も

谷川のせせらぎはないがカーテンの動くたび泳ぐ光の束は

駆け込みし古書店ページ繰る人のコートに春の雨の匂いす

海に生きし君　—本川克幸氏へ

しんとしてペーパーナイフ切っ先が白い封書のあなたに触れる

さよならも言わず逝きたり芽吹きたる若葉の奥のみどりが滲む

春おそき極寒の地に逝きし君　五百五十首歌を遺せり

終になりし白き封書に型押しの花のふっくら七つ咲きおり

生も死もたった一度とかしましき尾長の翼の、空の水色

してあげるなにもないから桜森ゆっくり歩く君にかわりて

フライパンに卵の白身のびてゆきまだ見ぬ北の半島になる

どのような最後でありしか　眼に痛きシャルトルブルーのはつなつの空

海を染める夕日好みし君なりきくずるる青の薔薇色ならん

傘と傘わずかに触れて交差点にすれ違うとき海の匂いす

午後の陽をしずかに反すくもり日のポストに来ている七星天道虫《ななほしてんとう》

海に生きし君が奏でるギターのピックあらあらしくもやさしくもある

もう君の便りは来ない夜へ沈むポスト見極め戸を閉ざしたり

（ゆめ）（ゆき）と小さく声にのせてみるほろほろ崩れほんのり温し

天空橋停留所

モスキート音きこえぬ耳がローソンの日覆いの下に雨音を聴く

塗り立ての白いペンキはうっすらと日暮れの影を地面に置きぬ

空の道をたどって行けば会えますか温かそうな今宵の月よ

宗教の誘いが朝のドアに来て咲き残りたる紅ばらを褒む

父の記憶たどりてゆけば半ばより暗き樹海がはばむ　いつでも

風に吹かれ心もとなき紋白蝶《もんしろ》を二歳の指がおしえてくれる

咲こうとする千の意志もつブロッコリー三房食べ終え口拭いたり

遮断機の下りた踏切ばかり過ぎ行き着く場所は海と思いき

サッカーボール高く蹴り上げ少年の夏の休暇が走り出したり

天空橋停留所よりバスに乗る白き芙蓉の花の咲く午後

水玉のような不安を呼び起こす雲ひとつなき青空なれば

カーテンの間《あい》よりもれる光さえナイフとおもう眼を閉じており

オルガンのゆるやかに鳴る教会に虫籠かかげ少年の来る

切り株の点在したる杉群を照らす今宵の三日月細し

星印ひとつ付けたる三月のカレンダー外す　かすかな疼き

ベーグルの穴にバターが落ちてゆく　母の小言のなんて鮮やか

やわらかなひざしにひらく魚図鑑どこにもゆけぬ眼とあまたあう

白

二〇一七年—二〇二二年

縄文の愛　　二〇一七年

さやさやと薄の穂波なびく土手に赤きバギーの見え隠れする

縄文人の愛と思いつ逝きし子を美《は》しき素焼の瓶に入るるは

千号の画布になりたる海原が銅色《あかがね》の夕陽を捉う

飛べないと自覚したのはいつだろう白壁を日が静かに動く

天空の鏡となれるみずうみに鋭《と》き声をもつ白鳥の来る

冬瓜の半身にラップ掛けており疵もつものの手当のように

踏み付ける寸前《まえ》に気づきし胡桃の実、輸入品なりアメリカ生まれ

恋にあう明日かもしれぬテロにあう今日かもしれぬちろちろ冬日

錆すこし見せてころがる空き缶のいつまで麒麟でいられるだろう

ひかり

ありったけの枝を広げて裸木なる欅に朝日のいちはやく来る

水底のような静けさリビングの床の日溜り素足で踏めば

鍵穴にさし込むかぎの光りつつ冬のわが家は霧の渦巻く

夕空に思い描けりきらきらと人を刺したかも知れぬ刃先を

寒月のひかりを入れんとつくられし切子グラスか藍ふかきかな

白梅はほうとほころび母が来る花の香りと梅という字に

ゼムクリップ生き物のように光ってた兄の死を聞く受話器の向こう

ピリオドはいつも突然やってくるうっすら青黴まとう甘夏蜜柑《あまなつ》

青空も胸いたむことあるだろう張りつめた青に手を触れんとす

とりどりの色彩《いろ》

よじれしまま飛行機雲のとどまれりチャペルの温き屋根の真上に

窓辺には明るい花が似合うんだあなたが選ぶ黄のチューリップ

ひたすらに空を支える海がありやがてみえなくなる海がある

月光の溜まる陶器のペン皿に君に出さざりし返信を置く

「チョコラボ」のパンダのチョコはユーモラス障害をもつ青年が生む

スリッパの爪先の向き内へ変えきみ在ることを疑わずいる

恐竜は何色なのと問われおり赤やみどりのミニチュアを手に

秋彼岸　墓地に集える輪をはなれ白く輝く雲を見ており

あおい空と赤とんぼ絵になりそうで誰も描けない墓地の静けさ

花終えし木薔薇にかわり匂い初む金木犀こそ秋の使者なり

テレビの音わずかに上げて向い合う二人家族の夕餉の儀式

夕焼けの空に手を触れ窓を拭くすいっーすいっーとあめんぼのごと

今、何をあきらめたのか風にゆらぎ裏返りたる紙飛行機は

体温を忘れてしまった椅子に差す夕陽を見てる声ひき寄せて

りんごの皮螺旋に続きいるところわが見ておりし母の指先

今日、向かい合いたるもののひとつにて恐竜展のティラノサウルス

わたくしが歌を作っている間家具のひとつとなりて夫おり

むらさきしきぶに寄せて　　二〇一八年

コスモスを分けて来たりし時雨なり紫式部の雫するまで

名を指され声はりて読む「桐壺」の一帖なりき中一の春

机との間を巡り解釈する教師は若く背高き青年

わが肩におどけてぶつかる男子ありこれがいつもの朝の挨拶

「桐壺」を暗誦してるわが声にわずかにずれて母の声和す

つぎつぎと風の来たりて坂道の乙女椿に枯葉を寄せる

卵の殻ふたつ重ねて捨てるときかつての過ちやさしく匂う

仙人掌の指一本を切り落せる鋏が冬日に鈍く光りぬ

ああこれが太陽の匂いしめきった縁側に動く冬の日溜り

手紙

「そのままでお待ちください」幾たびも繰り返されて木偶になってる

わたくしの手しか知らないこのペンは私信かくとき少しかすれる

夕日に向きひたすらペダル踏む男風になれるかならずとも良し

届かざる高さに史書の並びいて月夜の古木のように匂うよ

キタアカリ四股名のごとき名を持ちて夕餉の皿にポテトのありぬ

もう履かないハイヒール並ぶ下駄箱の歳月という月を遊ばす

窓したに剪り落とされしひと枝の薔薇のつぼみが光を集む

店先に身を寄せ合えるチューリップそうだ、あなたへ手紙を書こう

ひだまりに白猫がきて声ふとき黒猫がきてあおき風生るる

まぶたなき鯉の眠りを想いおり粉雪の舞う夜のきわみに

形象

降るという感じではなく春の雨の野や街川になじみてゆくも

マフラーを外しし首すじざわざわと芽吹きの風のくすぐったいよ

春の夜の雨をあつめて暗みたる花瓶の口を指もてぬぐう

紫木蓮の角ぐむ頃は耳さとし遠くチェンソーの回り続けて

にわか雨のたびに買いたる傘の数　幾何学模様を戸口に開く

咲き盛るさくらの淵につながれる声もたてない白鳥のボート

われもいつか人の記憶に生きるらん霞草かかえ君が近づく

春の陽にふくらむ坂道きっといま時計ではかれぬ時間に居るよ

うらうらと女坂続きわが身から離れゆきたる影を見送る

葉ざくらの下に拾いし金色のボタンは春の名残を留む

ドロップを口に含みて少しずつ小さくなれるわれを見ており

緑の靴

窓の外へ大きくふくらむカーテンの向こう若葉のさみどりみどり

二メートルのキリンがいまだすくと立つ四辻の古き動物病院

捨てかねる手紙をもとの抽斗に戻せばひとつ歳をとりたり

梅雨の夜の眠りに浮かぶあめんぼう飛行機雲を飛び越してゆく

枇杷の葉の上にちょこんと雨蛙まるい目玉が獲物を狙う

月も星も見えざる夜は口遊む母の好みし白鳥《しらとり》の歌

電柱をただひたすらに捲きのぼる蔦にはつたのよろこびありて

好きなところへ行けばいいさと置かれたる緑の靴に誘かれやすし

はじめて歌を作ったのは、二十数年前の五月だった。もともと文学に興味があったが、詩歌や小説・随筆などを鑑賞するのみに終わっていたように思う。
そんな私にある出会いがあり会員十五名の短歌サークルに参加することになった。月一回、作品は二首ということだったが初めての歌作りは私が思っていた以上に大変で、歌会当日の評は可もなく不可もなくという所に落ち着いた。十年を過ぎて少し刺激が欲しいと思い「未来短歌会」に入会した。二度の出会いがなければ、今の私は存在しなかったでしょう。

「八〇〇号記念特集号」より

印旛沼　　　　　　　　二〇一九年

外来種の草魚、牛蛙、かみつき亀入れてゆたゆた印旛沼あり

印旛沼の水面かすかにふるわせて日暮れのチャイムいずこより来る

加賀清水　参勤交代行列の休息したる湧水のある

紙の象

パン屑の残る二枚の白き皿朝の光とともに重ねき

ハンティング、ベレー、カンカン、フェルト帽父の青春見え隠れする

方形のパズルの枡目を埋めてゆくようにはいかぬ父の一生《ひとよ》は

月光の溜まるところに浮かび来るドアを決して開けてはならぬ

われを乗せゆらりゆらりとペダル踏みし父のようなる吉塚先生

紙の象の乾きし耳にふれながらあなたに渡す言葉をさがす

巻き戻し出来たらどの日を残すだろうミラーボールがくるくる回る

秋の椅子にふたり並びて見ておりぬ動くことなき雲のガゼルを

閉館のチャイムが鳴るまで歩みおり風景画にある乾きし道を

だれかいる

前にしか進めぬトンボ。くさ原に草食む羊。みんな生きおり

雲のなかに無人駅あり若き母が木槿背にして父を待ちおり

空輪されしチューリップ目覚むきららかな街の一角小さな花舗に

夕暮れの竹林だれかいる気配　二月の雨のなまあたたかし

アボカドの種子を除けばあらわれる精霊の棲むみどりの窪み

ソクラテス、アリストテレス、プラトンも男と言いし物理の教諭

何ごとか思い遂げし者あるごとく梯子が立てり夕暮れの木に

土のなかに埋めても決して芽を出さぬガラスの林檎をあなたは埋めた

書き込みのなきカレンダーの無表情いずれ桜が埋めてくれよう

橋のうえの時間は無限　吾妻橋のてすりにもたれ川を見ている

ガラス戸を昨日も今日も高速にすぎたる影を鳥と思えず

入院の母に買いたる匂い袋送らざるまま手許に残る

どこまでも公孫樹の黄が続いてた母を見舞いし三歳の記憶

金魚鉢に光は届きおぼおぼと夭折の兄を写し出したり

部屋隅の古き脚立が明るみぬ青きリボンの帽子を置けば

白さるすべりゆわゆわゆれてこの先が渦巻銀河の入口という

海風が人を呼ぶのか行き止まりの静かな小径へ人の入りゆく

オルゴール　　　　　　　　二〇二〇年

ジャンプするアラビア数字やわらかな光の中に電卓を打つ

ときおりは庭に見かけた白猫の来ることなくて秋ふかみゆく

生と死の段差はショコラの箱の嵩レースの敷紙ふっと吹き上ぐ

あのパン屋ほら、あのパン屋風に乗り（イエスタデー）が近づいてくる

ひとつひとつ明かり灯してゆくようにオルゴールの蓋五つ開かる

蚤の市に見つけたというオルゴールきれぎれに細き音を紡ぎぬ

無骨な手、白き手小《ち》さき手悲しき手幾人を経てオルゴールは在る

どの席もいつか空く席クレープ屋の窓より見ており銀杏の散るを

夭折の兄が残しし酉の土鈴夕日のような温き音する

ひまわり畑

電車よりとび出す朝のマスクたちぐんぐん迫る画像の中に

コロナ禍にこもる二か月窓越しのばらのつぼみに今朝気づきたり

回転椅子くるり廻して立つときの、劇中劇のいちにんとなる

陽炎のような夢なり菜の花の向こうを過ぎる移動図書館

十字路の空はそのまま十字なりつゆの曇天居座っている

旧仮名の母の手紙は押し花の匂いと思う、　いま読み返す

秘密基地と十歳の兄が呼んでいた夕陽のなかのひまわり畑

立つ位置を足の形に示されて夢の中まで続く足形

わが胸の奥に海あり白きボート波打ち際に常つなぎおく

好きだった窓際の席もはずされてカフェは四角い箱になりたり

生き物のような今宵の赤い月、きみはいまだに帰って来ない

廃校の窓を夕日の染めるときリコーダーの音の聞こえませんか

坂の上に雲などなくて春空にほそいひとすじの川が流れる

時雨

二〇二一年

モノトーンの世界にとっぷり嵌まりいて音声のみのコロナのニュース

膝掛けは子犬の重さとあたたかさ連れて来たれり音なき時雨

床《ゆか》に落ちうずくまりたるストールも金魚も靴もみんなおやすみ

明日になれば忘れるだろう（また、いつか）少しほほえみ駅に別れき

手をつなぐ祖母のてのひら温かし空へ空へと石段つづく

烏賊のにおいわずかに残る指に繰るこの世に居ないひとの歌集を

クリップを磁石につけてまた外す思考の中にクリップ残る

生卵とり落としたる衝撃をただ見ておりぬアンドロイドの眼

塵よけのビニールをかけ吊るしおく春のコートの雨に目覚める

点描画の少女を離れて見ておりぬ一つの点に一人の少女

いちめんの菜の花ばたけ誘拐犯ひそみていても菜の花ばたけ

わたしの海へ

かなしみをひそかに溜める壺の欲し胴ゆたかなる素焼きがいいな

春りんりん土竜のトンネル続きいて案内《あない》しますと土竜出で来ず

大玉の春のキャベツの青宇宙えたいの知れぬわたしを容るる

坂道をぐんぐんと来る青年の足より消えて春の夕焼け

ちちははを容れてふくるる月なるや欅の上の今宵の満月

非常口　つね死の側に灯りおり露草いろを遠く見て過ぐ

いつの間にかわたしは消えて食卓の白き食器の光を放つ

五日ぶりの雨は欅の葉先より垂れてわたしの海へつながる

ゆったりと遠き時間をゆりもどす真昼間の海に沿いて歩めり

六月は亡母《はは》に会う月あじさいの葉蔭よりわれのすべてを見ていん

蜜蜂のあつめきたれる蜜ほどの光を宿すふたりの夕餉

竹藪の若竹数本ぬきんでてぬきんでて風の中にさゆらぐ

待合室に人との距離の取りがたくもやしのように壁ぎわにたつ

開け放ちの入口近く蝶の舞う高くひくくに自在なる黒

虹消えて消えざる夢のひとつありマスクを外し深呼吸する

アンデルセンの灯

ナイルという名をもつ香水雨の夜をみどりの瓶より気化しはじめる

霧雨の夕べ家ごと舟となりアンデルセンの灯りをともす

うすみどりの冬瓜おけば使わざりしグラスも皿もしずかにみひらく

わが午睡に入り来てふとぶと鳴く声の、蟬の王らしいつか遠退く

かすみそうかかえてひとつ角まがるそれよりつき来る犬のあしおと

この先に何があるのか漆黒の闇の向こうは虹と決めおり

ときとして言ってもみたしこれの世はさよならだけが人生などと

誰からも許されていま生きている星のきれいな夜に思うよ

白亜紀の青空つれてやって来る笹豆腐店の四角い車

ゼブラゾーン共にわたれり羽根をもつ鳩と飛べないわたしの影と

ひとり居もきらいではない蜩の声に包まれ亡きひとと居る

吊るさるるドライフラワー夕照りにいのちふたたび薫りみちたり

入会して初めて新年会に参加した日のことです。受付は9時半だったがすでに過ぎていた。今ドアが閉まりそうな満員のエレベーターに飛び乗った。その時、一番奥から「冬の9時半は早いよなあ」と低いよく通る声が聞こえた。岡井先生だった。私が息急き切って乗ったのを見ておられたのでしょう。私の名前もご存じではなかったと思う。

当日の先生の講話の内容は思い出せないが、先生のやさしい思いやりと声は今もしっかり私の胸に残っている。

「未来七〇周年記念号」より

ふたりっきり　　二〇二二年

門冠《もんかむり》の松は叔父さんあおあおと葉を茂らせていつも豪快

饒舌な秋のひいらぎ象牙色の小花を根方にまるくこぼして

寡黙なるもちの木なればおはようとおやすみだけはかかさずに言う

吹きこぼれるように黄昏、外灯がぽつんぽつんと灯りはじめる

ひとのため否、われのため祈りたい赤い鳥居をあまたくぐりて

お椀ふたつゆらゆら水に沈むときふたりっきりの家族とおもう

助手席に晩夏のひかり　どちらかが残さるるなど思わずに居よ

亡きひとのため降る雨の葉から葉へかすかに伝うを窓辺に聞けり

スカートに足さし入れつつ思いたりこの世を抜けてゆく足音を

微笑みは否も含むと十代に知りぬ遠くに淡雪の降る

皿に残るクロワッサンのパン屑は君の独り言　シンクに流す

春の月わするるなかれマリウポリの瓦礫にころがる赤きブーツを

花の咲き鳥のさえずるはずだった野を戦車ゆく凄まじき音

「バラライカ」に父母と落ち合い楽しみしロシア料理とバラライカの音《ね》

うなされて目覚めし夜のわが胸に大き白猫うずくまりおり

解説

佐伯裕子

二〇二二年九月、廣岡優さんの突然の訃報を聞いて信じがたい思いだった。しばらくのあいだ深い後悔に襲われた。廣岡さんが歌集を作ろうとして、何度もためらっておられたからだ。歌数が多すぎる、と悩んでいた。最近の十年に絞ってみたい、という希望も聞いていた。それが、コロナ禍の日々になると、急に気力が失せたように記憶している。もっと早く、もっと強く勧めていればよかったのだ。

ご主人の髙浪久尚氏のお申し出により、遺歌集を歌友の梶黎子さんとともに作ることになった。「未来年間賞」受賞の年から亡くなるまでを二人で選歌した。その際、髙浪氏のご意見も反映させていただいた。ほぼ掲載順に並べたが、多少の移動を施している。また、廣岡さんが好んだ「青」と「白」にちなんで二部仕立てとした。歌集名は、「霧雨の夕べ家ごと舟となりアンデルセンの灯りをともす」からとっている。彷徨う舟に老夫婦の家を譬えた一首である。出版の全ては、廣岡さんが望んでいた出版社、青磁社の永田淳氏にお頼みした。

※

私の選歌欄がスタートしたのは二〇〇三年だった。廣岡さんは初期メンバーの一人である。当時の「未来」誌に載った歌を読み直してみた。ああ若かったなあ、と思う。もう二十年余りが過ぎてしまったのである。

卵中の雛とはもしやこのような、カーテン越しの青葉の光

「廣岡優」はペンネームである。本名で作っていた歌から飛躍したいのだと、白い小さな手をひらひらさせて語ってくれた。だから私はずっと、それまでの作風も本名も聞かずに過ごしていた。充実している毎月の歌で十分だった。選歌欄の「不忍歌会」はスタートしたばかり。批評も鋭く的確で、私たちはどれほど助けられたことだろうか。歌は主に身近な風景なのだが、鮮やかなイメージが魅力的で、どこか仄暗い雰囲気を宿していた。私的な境涯や事情を入れない作りは、その後も長く変わりなかった。亡くなるまでの十年は、最も力を発揮できた歳月だっただろう。

ゴム風船ひとつをひねり馬や魚つぎつぎ生みぬ大道芸人《ジャグラー》の手が
あめあがりわれのおもみにしずみたるつちにことりのあしあとのこす
庭に棲みし蝦蟇もとかげもいなくなり夫とわたしが草生に残る

ホッチキスの針をはずれし一枚が風に乗ったと思わせて落つ
ああいつか光の束が降ることをじっと待ちいるあの槙の木は
空の青十個のグラスに分けられてグラデーションが春空を生む
足あとが残っていぬかと恐れたり月光の射す橋わたり来て
水底のような静けさリビングの床の日溜り素足で踏めば

いま読んでもみずみずしい。透きとおる時間がどの風景にも流れていて、止めようもない。「風船」「足あと」「夫とわたし」「一枚」「槙の木」「グラス」「月光の射す橋」「リビングの床」は、読み終わった後に画像となって静止している。残されたものの静止、というのだろうか。魅力ある歌を送り続けてくれて、私は何とも嬉しかった。だが、少し気になるところがあった。光に満ちた風景を描写しても、そこに仄暗さがまつわりついている。明るい視界なのに影を感じる。何故なのだろう。そう思っているうちに、僅かだが、夭折した「兄」の歌が送られてきた。歌に境涯を盛りこまない作風を通していたから、本当は作りたくなかったに違いない。だが、歌は必ず作者の立つ淵源に触れていく。数少ない「兄」の死の歌によって、私は、静止する風景の芯の暗さを理解した。

霧のなか兄に帽子を渡さんと後追いゆけどすでに遠のく
月の香の染みた浴衣が残されて祭りの夜を兄はかくれんぼ《カシュカシュ》
月の光かげりて兄を見失うさっきまでわれの傍《そば》に居たのに
ゼムクリップ生き物のように光ってた兄の死を聞く受話器の向こう
金魚鉢に光は届きおぼおぼおぼと夭折の兄を写し出したり

「兄」の思い出の歌には、素直に感情が吐露されている。ほかの歌よりも動きが明確といっていい。「六色のクレヨンに母が画《か》きし子のわれに似る子の一人もおらぬ」と仄めかす厳しい環境のなかで、「兄」の存在は大切なものだったに違いない。信頼していた兄の喪失とともに、止まってしまった風景があった。残された、という意識に押しつぶされる日もあったはずだ。やがて、ペンネームという自由を得て、その感覚を自在に日常風景に重ねていけるようになったのではないだろうか。

廣岡さんにはまた、やや「お茶目」なところがあった。ユーモアのある歌もいくつか散見する。微かな笑いが社会を柔らかく抉るのである。

身体に時間はずんずん溜まりゆきどらえもおーんと叫びたくなる
夕立がたたきて過ぎしブリキ塀おおき鯨がどどんと躍る
ステラなる人は知らねど和みつつ（ステラおばさんのクッキー）を食ぶ
わたくしが歌を作っている間家具のひとつとなりて夫おり
今日、向かい合いたるもののひとつにて恐竜展のティラノサウルス
生卵とり落としたる衝撃をただ見ておりぬアンドロイドの眼
いちめんの菜の花ばたけ誘拐犯ひそみていても菜の花ばたけ

廣岡さんの歌をひと言で言うとしたら何だろう。冷えた光に浮き上がる日常風景だろうか。動植物にしても、日々の暮らしにしても、微妙な笑いにしても、現実から少し離れたものを愛するように描かれる。それが私には、いずれも静止した風景として印象されている。

いつまでを蝶と呼ばるる白き翅ひろげしままの蝶の屍
静まれる一羽一羽の白鳥に父母があること月のぼり来る
一羽ずつ音なく夢に降りてくる大白鳥の耐えがたき数

縄文人の愛と思いつ逝きし子を美《は》しき素焼の瓶に入るるは
ひたすらに空を支える海がありやがてみえなくなる海がある
パン屑の残る二枚の白き皿朝の光とともに重ねき
何ごとか思い遂げし者あるごとく梯子が立てり夕暮れの木に
閉館のチャイムが鳴るまで歩みおり風景画にある乾きし道を

好きな歌を引いていると切りがなくなる。そうして終焉を迎えていった廣岡さんが思われてくる。亡くなる数カ月前には、柔らかく淋しい歌が届くようになっていた。嘆きや繰り言、あるいは病に苦しむ歌ではない。だから私たちは、危うい病床にあるなどと気づきもしなかった。いつまでも居てくれるものと思っていた。今は、歌の上を透きとおる時間が流れているばかりである。

いつの間にかわたしは消えて食卓の白き食器の光を放つ
われもいつか人の記憶に生きるらん霞草かかえ君が近づく

あとがき

二〇二二年に永眠した妻はほぼ三十年近くの間歌を作っておりました。何度か歌集を作ろうとしていたのですが、ついに叶いませんでした。その意志をそのままにすることができず、遺歌集を作る決心をした次第です。

遺歌集刊行に際し佐伯裕子先生、梶黎子さんには、歌集編纂に多大なるご尽力をいただき感謝、御礼申し上げます。

出版に際しては青磁社の永田淳さんに一切をお任せしました。御礼を申し上げます。装幀の上野かおる氏にも感謝申し上げます。

二〇二四年七月

髙浪　久尚

著者略歴

廣岡　優（ひろおか　ゆう）

一九三六年九月　大阪市に生まれる
一九三七年五月　福岡市に転居する
一九四〇年五月　ハルビンに移住する
一九四六年十一月　引揚げ後、福岡に住む
一九六六年十月　結婚、その後八千代市に住む
一九八三年十二月　佐倉市に転居する
一九九二年　この頃より短歌を作り始める
二〇〇三年七月　未来短歌会に入会　佐伯裕子氏に師事
二〇一〇年　未来年間賞を受賞
二〇二二年九月　永眠

歌集　アンデルセンの灯

初版発行日　二〇二四年九月三十日
著　者　廣岡　優
佐倉市井野一六一〇―四一（〒二八五―〇八五五）
高浪久尚（遺族）
定　価　二五〇〇円
発行者　永田　淳
発行所　青磁社
京都市北区上賀茂豊田町四〇―一（〒六〇三―八〇四五）
電話　〇七五―七〇五―二八三八
振替　〇〇九四〇―二―一二四二二四
https://seijisya.com
装　幀　上野かおる
印刷・製本　創栄図書印刷

ISBN978-4-86198-609-3 C0092 ¥2500E